Figli ricchi con pochi accorgimenti:

Le migliori tecniche finanziarie per garantire un futuro di successo ai vostri figli

Di

Joe Correa

COPYRIGHT

RINGRAZIAMENTI

Questo libro è dedicato a tutti i genitori del mondo che desiderano un futuro migliore per i propri figli e vogliono che siano preparati quando si tratta di gestire le loro finanze.

Figli ricchi con pochi accorgimenti:

Le migliori tecniche finanziarie per garantire un futuro di successo ai vostri figli

Di

Joe Correa

PREMESSA

Figli ricchi con pochi accorgimenti: le migliori tecniche finanziarie per garantire un futuro di successo ai vostri figli

Di Joe Correa

Questo libro vi insegnerà le 5 regole efficaci riguardo al denaro che cambieranno per sempre le prospettive finanziarie dei vostri figli. Fare educazione finanziaria non significa insegnare ai ragazzi come ottenere ciò che vogliono, ma è insegnare loro come ottenere ciò che è veramente importante. Cosa imparano i vostri figli a scuola? Imparano a risparmiare, pianificare, investire o diventare leader? Imparano come avviare la propria attività o come diventare bravi dipendenti? Imparano come gestire il credito o ad accumulare il debito della carta di credito? Imparano come risolvere i loro problemi finanziari o semplicemente ad accumulare il debito fino a quando falliscono? Imparano a risparmiare sulle tasse o a pagare il maggior numero possibile di imposte?

Dovreste pensare a ciò che i vostri figli imparano ogni giorno, perché cresceranno velocemente e l'opportunità di aiutarli a diventare finanziariamente preparati passerà.

Siate padroni del vostro futuro. Siate padroni della vostra vita. Siate padroni del vostro denaro.

La maggior parte delle persone vivono la loro vita schiave del denaro. Il denaro li costringe ad andare al lavoro. Il denaro li fa uscire dal letto. Il denaro fa perdere loro i capelli, li fa ingrassare, li stressa tutto il giorno. Vorreste che accadesse questo anche ai vostri figli? Dovrebbero soffrire le conseguenze di una educazione mancata? Perché non investire nel loro futuro aiutandoli a imparare a condurre una vita finanziaria soddisfacente?

Questo libro esplorerà le cose più importanti che i ragazzi dovranno imparare sui soldi.

Questo libro insegnerà a voi e ai vostri figli a:

- Risparmiare per il futuro attraverso la pianificazione e le spese controllate.

- Creare e gestire il credito con saggezza.

- Far crescere i risparmi grazie a un interesse composto.

- A comporre l' interesse per creare futura ricchezza.

- Possedere una casa anziché affittarne una.

- Diventare imprenditori anziché dipendenti.

Ci sono cose nella vita che dovrete affrontare prima o poi e il denaro è una di queste. Imparare a gestire i soldi avrà un effetto profondo sul futuro potenziale dei vostri figli.

Aspettare che crescano per insegnare loro cosa deve essere fatto finanziariamente è troppo tardi. Iniziate ora se volete davvero fare la differenza nella loro vita. Chi sa, forse cresceranno per diventare i nuovi milionari.

PREFAZIONE

La maggior parte delle persone inizia la vita semplicemente godendosi gli anni di gioventù, fino a quando la realtà entra in gioco e si ritrovano a pagare un mutuo, avviare un piano di risparmio, effettuare pagamenti con carta di credito e cercare di avviare un business, se già non possiedono una loro azienda. Gestire il denaro può diventare un ciclo monotono che non finisce mai a meno che non impariamo gli elementi chiave del successo finanziario proprio negli anni di gioventù. L'apprendimento attraverso le prove e gli errori è un percorso lungo e duro che la maggior parte degli adulti attraversa per giungere alla maturità finanziaria, ma se ci fosse un modo per iniziare a imparare i concetti più importanti in una fase precedente della vita, la differenza sarebbe grande.

Cosa vi sarebbe piaciuto sapere sui soldi quando eravate più giovani?

Cosa vorreste poter insegnare ai vostri figli per aiutarli a diventare finanziariamente indipendenti?

Potete riflettere su queste domande o fare qualcosa in proposito. Fate tutto ciò che è necessario per posizionarli sulla strada giusta.

NOTE SULL'AUTORE

Per anni ho aiutato molte persone a finanziare le loro case e ridurre i loro pagamenti, nel corso degli anni lavorando per diverse banche, istituti di credito e per una società di consulenza per gli investimenti. Qui ho capito quanto la società doveva fare in termini di alfabetizzazione finanziaria. La maggior parte delle persone era in debito e aveva pochi risparmi. Sono stato contattato da Union Planters Bank, ora Regions Bank, per lavorare per loro come consulente finanziario presso una delle loro filiali mentre stavo lavorando come professore di matematica in un college. Mentre lavoravo lì, mi sono divertito a seguire i mutui casa e volevo saperne di più, così ho ottenuto la mia licenza di esperto in mutui e sono andato a lavorare per una società di finanziamenti a base commissionale. Un anno dopo ho iniziato la mia attività di consulente sui mutui e presto sono stato trasferito presso un azienda di finanziamenti corrispondente. Sono stato in grado di aiutare centinaia di persone a comprare una casa, rifinanziarsi per abbassare i pagamenti e per fare soldi per pagare i debiti o reinvestire. Ora il mio desiderio è quello di educare le persone con i miei libri su diversi argomenti e spero possano trarne vantaggio il maggior numero possibile di persone. Ritengo che imparare ad una giovane età come funziona il denaro e come deve essere gestito sia la chiave per il successo futuro finanziario.

Troppe persone imboccano la strada sbagliata e trascorrono la maggior parte dei loro anni produttivi semplicemente cercando di tenere il passo quando invece potrebbero andare avanti. È mio obiettivo aiutare tutti a minimizzare o addirittura eliminare i potenziali problemi finanziari e concentrarsi maggiormente sulle cose che creeranno i maggiori benefici dal punto di vista economico.

INDICE

Capitolo 1

PERCHE' IL DENARO E' IMPORTANTE?

"Un investimento consapevole paga i migliori dividendi".

Benjamin Franklin

Se ci pensate, si ha bisogno di soldi per quasi tutto. Se volete mangiare, avete bisogno di soldi. Se volete vestiti nuovi, avete bisogno di soldi. Se volete vivere in una bella casa, avete bisogno di soldi. Il denaro è necessario per la maggior parte delle cose nella vita e imparare a fare reddito passivo e attivo è importante per coprire tutte le spese future. Il denaro non dovrebbe essere il vostro obiettivo finale, ma dovrebbe essere qualcosa che si impara a padroneggiare, in modo da poter trascorrere più tempo a fare le cose che si amano. Vivere vuol dire fare le cose che ci piacciono e ci appassionano. Vivere vuol dire trascorrere del tempo con i vostri cari. Non lasciate che il tempo vi travolga. Decidete di prendere il controllo delle vostre attuali finanze imparando gli elementi chiave dalla gestione del denaro. L'ignoranza può costare cara, dunque educatevi e vivete la vita che dovete vivere.

Schiavi del denaro o padroni del denaro.

Per molta gente il denaro è qualcosa che si cerca di

accumulare, in modo da poterne avere abbastanza per il futuro e poter vivere una vita migliore. Probabilmente chi ha dei soldi non ama sentirne parlare, ma è meglio avere il controllo della situazione per non esserne travolti. Imparate a padroneggiare il denaro e vi tornerà utile nel futuro. Se rimanete schiavi del denaro, passerete un tempo infinito a lavorare senza godervi ciò che guadagnate.

Risparmiare per il futuro

Quando si inizia a risparmiare da giovani, diventa molto più semplice accumulare denaro nel tempo. Quando si cresce, si comincia ad avere più spese. Anche se avete uno stipendio alto, il risparmio diventa più difficile e richiede una maggiore disciplina. Abituarsi a risparmiare in giovane età è molto importante per superare gli alti e bassi della vita. È come la storia dello scoiattolo che ha messo da parte il maggior numero di noci per l'inverno e quando l'inverno è arrivato aveva abbastanza cibo per sopravvivere. La vita ha sempre un inverno che ogni tanto appare, per questo bisogna avere le proprie scorte da parte.

Cambiate la vostra prospettiva sul denaro

Il denaro dovrebbe essere uno strumento per aiutarvi a raggiungere i vostri obiettivi e creare una stabilità finanziaria per il futuro. Il denaro non dovrebbe essere solo qualcosa che utilizzi per comprare delle cose, anche se molte persone potrebbero credere il contrario. Il denaro è un mezzo per creare un percorso migliore. La maggior parte delle persone ha difficoltà a capire come utilizzare i soldi. Imparate ad utilizzare correttamente questo strumento. Ad esempio, non si usa un cacciavite per martellare le cose e non si usa il martello per riordinare le carte. Imparare a utilizzare lo strumento del denaro per il suo vero scopo e non per frenesie di spesa temporanee che si trasformano in debito.

Progettate di essere ricchi o di essere poveri

Come si dice, "avere un progetto è meglio che non averne uno". Senza avere un piano effettivamente state progettando di essere poveri e di lottare costantemente con il denaro. Progettate di essere ricchi imparando e mettendo in pratica ciò che si impara sul denaro in questo libro. Prendete appunti su quanto imparerete e riguardateli ogni giorno, ogni settimana o almeno una volta al mese. Seguite i vostri progressi scrivendo quali passi positivi siete riusciti a fare e le sensazioni che provate nel migliorare. Se risparmiate soldi su base settimanale è più facile che su base mensile, scrivete e iniziare a risparmiare in questo modo. Ognuno è diverso, createvi quindi un piano che abbia senso per le vostre necessità. Effettuate aggiustamenti sul percorso in modo da adattare ciò che imparate, sfruttandolo al massimo. Fate attenzione a strutturare il vostro stipendio, i beni, le entrate in un modo da risparmiare settimanalmente, se necessario. Essere flessibili va bene finché ci si attiene alle regole generali che imparerete.

Come punto di partenza potete provare questo test sul denaro che vi aiuterà a capire a che punto siete mentalmente riguardo alle vostre finanze e come poter migliorare.

Il test d'intelligenza sul denaro

Scoprite il vostro punteggio rispondendo alle domande qui sotto con un "sì" o un "no", cerchiando tutti i "sì". Controllate poi nelle soluzioni a che livello siete. Non ci sono risposte giuste o sbagliate, semplicemente abitudini di denaro che possono essere modificate o migliorate con la pratica.

DOMANDE:

Spendete soldi per le cose di cui avete bisogno?

SI o NO

Risparmiate denaro in un salvadanaio o in un conto risparmio ogni mese?

SI o NO

Avete intenzione di iniziare una nuova attività un giorno?
SI o NO

Avete una passione per uno sport, un'attività o un'idea? SI o NO

Vi piace lavorare duro quando c'è bisogno?

SI o NO

Vi piace imparare cose nuove?

SI o NO

Leggete libri sui soldi o sulla finanza?

SI o NO

Prendete tempo per pianificare le spese prima di fare shopping?

SI o NO

Trascorrete del tempo con persone che amano risparmiare e minimizzare le spese?

SI o NO

Utilizzi carte di denaro e di debito? SI o NO

SOLUZIONI:

Se avete risposto "SÌ" a 6 o più domande, siete sulla buona strada e avete un elevato QI finanziario.

Se hai risposto "SÌ" a 3 - 5 domande, sei sulla buona strada ma hai bisogno di lavorare sul tuo IQ finanziario.

Se avete risposto "SÌ" a 1 - 3 domande, avete un potenziale, ma avete bisogno di lavorare sul vostro QI finanziario.

Avere un elevato QI finanziario non ha nulla a che fare con l'intelligenza. È una questione di abitudini e la creazione di abitudini corrette comporterà una migliore vita finanziaria. I bambini devono imparare le migliori abitudini finanziarie possibili per avere un futuro luminoso e una vita indipendente dal punto di vista finanziario. In un momento o nell'altro avete bisogno di imparare come gestire il denaro e se vi farete trovare impreparati andrete incontro a molti problemi nel futuro. I ragazzi hanno bisogno di imparare a prepararsi a ciò che la vita chiederà loro. Devono sapere come funziona il denaro e come farlo crescere. Ciò richiede tempo e pazienza, ma li proteggerà per tutta la vita.

Capitolo 2

LE 5 REGOLE PIU' IMPORTANTI SUL DENARO

"L'educazione è ciò che resta dopo che ci si dimentica ciò che si è appreso a scuola".

Albert Einstein

Il denaro può essere difficile da gestire e per questo motivo una serie di regole vi aiuteranno a rimanere sulla strada giusta e vi condurranno alla prosperità finanziaria. Ci sono altre cose da ricordare, ma queste cinque regole copriranno una gran parte di quello che vi serve per diventare finanziariamente indipendenti. Nei tempi difficili noterete che queste 5 regole saranno utili e avranno un effetto significativo sul vostro futuro finanziario. È importante impararle e padroneggiarle tutte.

LE 5 REGOLE PIU' IMPORTANTI SUL DENARO:

Regola 1

NON PRENDETE MAI A PRESTITO IL DENARO, A MENO CHE NON ABBIATE LA STESSA CIFRA IN BANCA PER POTER ESTINGUERE SUBITO IL DEBITO

Prendere a prestito denaro richiede che voi comprendiate i termini del finanziamento e che siano accettabili per la vostra situazione. Spesso è meglio risparmiare abbastanza soldi e pagare in contanti. Se finanziate qualcosa, assicuratevi di avere l'equivalente importo in un conto bancario in modo da poter pagare in qualsiasi momento. Questa è una regola centenaria e si applica ancora adesso.

Regola 2

RISPARMIATE ALMENO IL 20% DEL VOSTRO REDDITO OGNI MESE

Il risparmio del 20% o più del vostro reddito dovrebbe essere una priorità assoluta ogni mese. Se siete in grado di risparmiare solo il 10%, va bene comunque, ma più si risparmia e più velocemente si vedranno i risultati. Questo si dice anche "pagatevi per primi" perché si decide di risparmiare prima di spendere, appena avete ricevuto il pagamento. La maggior parte delle persone spendono il denaro che hanno guadagnato e poi risparmiano ciò che resta, ma alla fine potrebbe non essere rimasto molto. La vostra capacità di aumentare la ricchezza è in gran parte basata sulla vostra capacità di risparmiare. Per risparmiare di più è necessario cercare di pagare prima voi stessi e poi gli altri debiti e le spese. Se si aspetta di pagare tutte le altre spese vi accorgerete che spesso non c'è più niente da risparmiare, per questo dovete dare priorità al risparmio. Questo è uno dei cambiamenti più significativi che potrete fare e che vi condurrà su una strada completamente diversa. La strada del successo è nelle vostre mani. Programmate di risparmiare prima ancora di essere pagati. Scegliete un importo e mettetelo su un conto di risparmio separato ogni mese. In questo modo deciderete di risparmiare in anticipo e non avrete ripensamenti per acquistare che non vi servono. Siate precisi sull'importo che vi impegnate a risparmiare e sulla data in cui metterete da parte l'importo ogni mese.

Regola 3

UTILIZZATE L'INTERESSE COMPOSTO PER MIGLIORARE I VOSTRE RISPARMI

L'interesse composto è il motivo per cui alcune persone diventano sempre più ricche nel tempo, solo perché lo capiscono e lo mettono a buon uso. Un contadino deve prima seminare per vedere i frutti del suo campo. L'interesse composto lavora in maniera simile alla semina in una fattoria, i frutti si raccolgono più avanti e continuano nel tempo. Ottenere interessi pagati su interessi ogni mese significa che il vostro denaro crescerà sempre più velocemente. La maggior parte delle banche offre conti che hanno un interesse mensile in modo da poter trovare quello che offre un tasso competitivo e quindi iniziare a fare depositi il più spesso possibile. La combinazione di utilizzare interessi composti e risparmiare un importo specifico ogni mese avrà effetti potenti sul vostro futuro finanziario e creerà le abitudini giuste quando si tratta di gestire il vostro denaro. Il segreto sta nell'iniziare presto. Perché è così importante iniziare presto? Semplicemente perché cominciare a risparmiare quando si è giovani richiederà minori depositi di risparmio ogni mese che si comporranno nel tempo per diventare molto grandi. Se si inizia più tardi a risparmiare, dovrete effettuare depositi di risparmio più grandi per vedere effetti simili quando si utilizzerete un interesse composto.

Esempio:

Iniziare a risparmiare dai 10 anni:

Se si avvia il risparmio a 10 anni potrete risparmiare $ 200 ogni mese per 50 anni, ed avrete risparmiato $ 155.611. Questo considerando che abbiate un conto di risparmio ad un tasso di interesse del 1% ogni mese. Ci sono conti che hanno tassi di interesse più elevati, ma questo è un numero ragionevole da utilizzare come esempio. Questo considerando che avete progettato di andare in pensione a 60 anni.

Iniziare a risparmiare dai 40 anni:

Se si inizia a risparmiare a 40 anni l'importo che dovrete risparmiare su base mensile sarà molto più alto. Se risparmiate $ 585 ogni mese e avete un tasso di interesse composto di 1%, potrete risparmiare 155.353 dollari in 20 anni. Questo considerando che avete progettato di andare in pensione a 60 anni.

Che differenza c'è?

La differenza tra l'età di partenza 10 o l'età di 40 è di $ 385 più che si devono risparmiare ogni mese per compensare gli anni persi. Potrebbe non sembrare una grande differenza, ma quando si invecchia e si hanno più spese, diventa molto più difficile risparmiare.

Questo è il motivo per cui iniziare a risparmiare e utilizzare la potenza dell'interesse composto a una giovane età è così utile. Ricordate, quanto prima vi avviate, più potrete beneficiare dell'interesse composto. Aprite ora un conto di risparmio e mettete un importo iniziale di deposito e poi impegnatevi a depositare un importo specifico ogni mese.

Regola 4

RIDURRE O TAGLIARE LE SPESE AL MINIMO

Uno dei modi migliori per aumentare i risparmi è spendere meno. Questo può essere fatto immediatamente ed è molto semplice. Se cercate di aumentare il reddito invece di abbassare le spese, avrete bisogno di più tempo e dovrete lavorare di più. Aumentare il reddito riducendo la spesa può avvenire da un giorno all'altro. Fate una lista delle cose che sapete che potete eliminare dalle vostre spese giornaliere o mensili e capirete quali potete ridurre o eliminare. È molto facile e vi permetterà di risparmiare più soldi ogni mese, più velocemente di quanto possiate immaginare. Con il passare degli anni, essere in grado di controllare l'impulso di spendere su cose di cui non si ha bisogno e di utilizzare quel denaro per progetti più vantaggiosi, come mettere soldi ne vostro conto di risparmio, avviare un'impresa o investire, cambierà completamente la vostra vita e si creeranno opportunità per generare una ricchezza che altri possono solo sognare. Imparate a gestire e controllare le spese appena possibile.

Esempio:

Qualcuno guadagna 200 euro

Diciamo che guadagnate 200 euro ogni mese, ma spendete solo 20 euro, a questo punto avete risparmiato 180 euro. Questi $ 180 potrebbero sembrare poco, ma nel tempo possono crescere rapidamente.

Qualcuno guadagna $ 5.000

Diciamo che guadagnate $ 5.000, ma spendete $ 5.000 ogni mese, alla fine avete un risparmio di $ 0. Non avere alcun risparmio vorrà dire non avere soldi per la pensione o, anche peggio essere in debito quando vorreste ritirarvi. È necessario considerare che si potrebbe perdere il lavoro e se non si dispone di risparmi questo porterà a grandi difficoltà finanziarie quando è necessario pagare debiti e le normali spese quotidiane.

Qual è la differenza?

Abbassando le spese e risparmiando ogni mese, non importa quanto, sarete più preparati per le emergenze finanziarie e questo ridurrà la quantità di stress che avrete per quando riguarda i soldi e i pagamenti. Non risparmiare denaro, anche se si ha un reddito di grandi dimensioni, è semplicemente una questione di cattiva gestione del denaro. La cosa buona è che le abitudini, quando si tratta di gestire i soldi, possono essere facilmente modificate in pochi giorni. Prendetevi il tempo per considerare le spese e tagliare tutti i costi non necessari. Se necessario, scrivete tutte le spese ogni giorno e decidere cosa vale la pena spendere e cosa no.

È la pensione il mio obiettivo finale?

Il pensionamento non è il vostro obiettivo finale, ma può essere un ottimo obiettivo. Ritirarsi significa semplicemente che si è risparmiato abbastanza denaro per smettere di lavorare. Non dover lavorare più può essere una cosa buona se non ti è mai piaciuto quello che stavi facendo, ma se lavori a qualcosa che ti piace, la pensione potrebbe essere una questione di ridurre la quantità di ore o giorni lavorativi pur continuando a fare quello che ami. Rimanere occupati e lavorare a qualcosa che piace è una buona cosa. Se vi piace veramente quello che state facendo, non lo sentite mai come un lavoro. Alcuni degli imprenditori di maggior successo del mondo dicono che non hanno mai lavorato un giorno nella loro vita. Lo dicono perché amano quello che fanno e non lo considerano lavoro. Questo è l'approccio giusto quando si tratta di lavoro. Trovate qualcosa che vi piace e cercate di lavorare a questo, invece di lavorare solo per il denaro.

Regola 5

DIVENTATE TITOLARI DEL VOSTRO BUSINESS

Essere pagati poco ogni mese comporterà un risparmio più basso. Il vostro obiettivo dovrebbe essere quello di guadagnare di più e per farlo, da dipendenti dovete diventare titolari. Non solo il vostro reddito si alzerà, si abbasserà anche il vostro gettito fiscale. Alla fine, la vostra capacità di risparmio aumenterà in modo esponenziale. Organizzando il vostro tempo in modo efficiente, potrete anche arrivare a lavorare meno e guadagnare di più.

Esempio:

Reddito di un imprenditore:

Come imprenditori potreste guadagnare ogni anno 50.000 euro e, dopo aver pagato le spese, sareste in grado di risparmiare 30.000 euro.

Reddito dei dipendenti:

Come dipendenti guadagnereste 50.000 euro, pagando il 30% di tasse, vi rimarrebbero 35.000 euro, tolte le spese alla fine risparmiereste 20.000 euro.

Qual è la differenza?

In questo caso la differenza tra essere imprenditore ed essere dipendente è di soli 10.000 euro, ma per alcuni questa differenza potrebbe essere più grande. Dopo 10 anni, questa differenza potrebbe diventare di 100.000 euro per l'imprenditore.

Come imprenditore avrete anche il vantaggio di poter vendere la vostra attività se volete andare in pensione, iniziarne una nuova o fare altro. Questo è un reddito che potrete aggiungere ai 100.000 euro menzionati prima. Se venderete la vostra attività a 100.000 euro dopo 10 anni, potreste risparmiare 200.000 euro in più rispetto a un dipendente.

Questo è il motivo per cui possedere la propria attività è così importante e perché è fondamentale fare questo cambiamento, se volete farlo.

CONCLUSIONI

Queste 5 regole sono importanti e dovrebbero essere apprese fin dalla giovane età, in modo che diventino una buona abitudine in futuro. La chiave per queste 5 regole è che comunque funzionano sempre. Scrivetevi queste 5 regole tenetele sempre a portata di mano per essere certi di non andare fuori strada. A queste 5 regole potrete sempre aggiungere le vostre regole personali che vi potranno aiutare a diventare ancora più forti dal punto di vista finanziario. Prendetevi il tempo per imparare queste 5 regole e memorizzarle. Sperimentatele e insegnatele ad altri affinché anche loro possano vivere una vita stabile dal punto di vista finanziario.

Capitolo 3

COME GESTIRE IL DENARO PER UN SUCCESSO DURATURO

"Mai spendere i vostri soldi prima di averli".

Thomas Jefferson

Per alcune persone, la gestione del denaro è un processo complesso. Ricevono il loro stipendio o reddito ogni due settimane o mensilmente, ma alla fine del mese non hanno nulla da risparmiare. Imparare a risparmiare e spendere meno richiede pianificazione e disciplina. Se avete difficoltà ad essere disciplinati nelle vostre abitudini di spesa, allora dovrete seguire la semplice regola di pagare sempre voi stessi per primi. Pagando voi stessi per primi e mantenendo un importo minimo percentuale da risparmiare e da depositare ogni mese su un conto a parte, eviterete di spendere tutto il vostro denaro. Questo è uno dei modi più efficaci per risparmiare denaro. Non si sa mai quando si presenterà un'emergenza o quando si avrà bisogno di denaro per opportunità di affari, così è meglio essere preparati. Avere denaro da parte vi permetterà di essere preparati per il futuro e poiché il futuro non è mai sicuro, è meglio avere un pò di risparmi extra.

Risparmiare o spendere?

Quando risparmiate, il vostro denaro cresce. È come piantare un albero di arancio. Avete pagato l'albero una volta sola, ma quando comincerà a darvi i suoi frutti lo farà finché ne avrete cura. Il denaro è spesso come quell'albero di arancio.

Mentre quando spendete, non recuperate mai il denaro speso. Se comprate le arance al supermercato, otterrete quello per cui avete pagato, ma se volete ancora arance dovete tornare al supermercato e comprarne altre. Questo significa che dovrete lavorare di più per pagare più arance.

Decidete di piantare più alberi di arancio, in questo caso non dovrete più andare al supermercato a comprare altre arance. Piantare un albero di arancio è come piantare un albero di denaro, ma in questo caso, risparmiare e guadagnare interesse composto sarà il vostro albero monetario.

Spese superflue o spese necessarie?

Quando dite: "voglio questo o ho bisogno di questo", ne avete davvero bisogno? Vi ammalerete o dovrete andare dal medico se non comprerete quella cosa? Avete bisogno di un nuovo smart phone o dovreste risparmiare denaro per acquistare il vostro negozio di telefoni cellulari in futuro? La maggior parte delle persone perde non distingue ciò che è veramente una spesa necessaria e ciò che è semplicemente un capriccio. Se avete bisogno di un nuovo computer per la scuola perché il vecchio non funziona, questa è una spesa necessaria. Conoscere la differenza tra spese inutili e spese essenziali è importante. Se riuscite a vivere senza una cosa, allora questa è superflua.

Investire o risparmiare?

L'investimento è importante e investire in voi stessi è ancora più importante. Ogni volta che investite in qualcosa capite se ha funzionato o no come investimento. Avete guadagnato soldi con il vostro investimento o no? Se si possedete una bicicletta, ma ne acquistate un'altra nuovo da affittare ai vostri amici per guadagnare qualcosa ogni settimana, questo è un buon investimento. Quando dovreste investire denaro e quando dovreste risparmiare denaro? È sempre una buona idea risparmiare denaro invece che investire quando non sapete su cosa investire o quando pensate che l'investimento potrebbe risultare un cattivo investimento. Alcuni investimenti negativi sono abbastanza evidenti, mentre altri possono semplicemente diventare un'esperienza di apprendimento.

L'ordine giusto dovrebbe essere sempre quello di risparmiare prima e poi utilizzare una piccola porzione dei vostri risparmi per investire in qualcosa nel quale credete ne valga la pena investire. Se l'investimento non funziona, avrai ancora i risparmi a salvarvi.

Investire o spendere?

Spendere è facile mentre investire richiede un pò pianificazione, il che significa che dovrete usare il cervello valutare bene, e questo è sempre positivo. Le spese vi danno una felicità momentanea, mentre l'investimento se, se riuscito, vi gratificherà per tutta la vita. Non sto dicendo che non dovrete più cenare fuori o andare a prendere un gelato ogni tanto. Sto semplicemente dicendo che dovreste spendere poco ed investire di più. Quando non sapete su cosa investire il vostro tempo, investite semplicemente su voi stessi. Investite su come osservate le cose (con esercizio), sul vostro cervello e sulla vostra salute.

Dare o spendere?

Ogni tanto vi troverete nella posizione di aiutare qualcuno o di comprare qualcosa per voi stessi. Imparare a pensare agli altri e aiutarli in qualche modo vi preparerà a diventare un capo o un imprenditore migliore, oltre che ad essere una persona migliore in generale. A volte potete impiegare il vostro tempo ad insegnare qualcosa di utile a qualcun altro. Non sempre si deve vendere ciò che si da. Basta dare e essere felici per questo. Altri impareranno dal vostro esempio e faranno lo stesso quando sarà il momento. Portate sempre il buon esempio e vedrete che gli altri vi seguiranno. Siate leader dando il buon esempio. La vita trova sempre un modo per ripagarvi con buona salute, con buoni amici e con la famiglia, con una buona vita o con sorprese inaspettate. Vedere felice qualcuno che avete aiutato è già una ricompensa sufficiente.

Pianificare le spese

E' difficile uscire e poi decidere di pianificare quello che si spenderà, perciò come farete ad essere sicuri di non spendere più del dovuto? Scrivere le cose da acquistare e valutare i costi di ogni cosa vi permetterà di pianificare in modo intelligente e vi impedirà di spendere troppo. Se decidete di spendere 100 euro al supermercato, prendete qualche del contante in più per tutto quello che avete dimenticato di scrivere e che dovete acquistare. Basta non prendere troppi soldi perché potreste cambiare idea quando arrivate al supermercato e finire per spendere più dei 100 euro previsti.

RISPARMIO + INVESTIMENTO + SPESA = SUCCESSO

L'ordine generale della gestione del denaro che ha funzionato per molti anni è questo:

Risparmiare denaro, quindi investirne una parte nella vostra attività o per voi stessi e tutto quello rimane spenderlo per le cose di cui avete bisogno. Questo vi farà avere successo nel tempo e vi aiuterà a rendervi conto di quello che vi serve veramente.

Se prima spendete e poi decidete di investire e alla fine cercate di risparmiare ciò che resta, vi perderete in difficoltà finanziarie.

Inoltre, se investite prima e poi spendete, e alla fine risparmiate quello che resta, risparmierete sempre meno soldi di quelli che dovreste avere e questo non è l'obiettivo. Se un investimento non funziona, non avrete risparmi su cui far conto. Risparmiare è una priorità.

Ecco come le percentuali dovrebbero funzionare a vostro favore

La regola generale dovrebbe essere quella di risparmiare il 20-50% del vostro reddito.

Investire il 10 - 30% di quello che risparmiate. Investire in cose che potete controllare e che saprete avranno successo. Non confondere l'investimento con il gioco d'azzardo, alcune persone pensano che rischiare soldi sia come investire, ma non è così.

Spendete e restituite il 10 - 20% di quanto rimane dopo aver risparmiato. La restituzione può avvenire sotto forma di donazioni monetarie o di donazioni non monetarie, come ad esempio trascorrere il tempo aiutando gli altri con l'insegnamento, il coaching o il mentoring.

In questo modo il 100% del vostro reddito o il denaro che ricevete è organizzato in base al corretto livello di priorità. Il risparmio è la vostra prima priorità, mentre spendere deve essere l'ultima. Dare o condividere può essere un'alternativa a spendere perché potreste rendervi conto che dare agli altri vi restituirà felicità. La maggior parte dei bambini non imparano a condividere, ma dovrebbero farlo. La vita non è sempre equa e non tutti hanno ciò che meritano. Alcune persone hanno troppi talenti o opportunità e non riescono a goderne, altri ne hanno pochi. La vita ha il suo modo di compensare. Date il vostro meglio e la vita vi restituirà il meglio in un modo o nell'altro.

Capitolo 4

CHE COS'E' IL CREDITO E COME DOVREBBE ESSERE GESTITO

"Insegnate ai bambini in modo che non sia necessario insegnare agli adulti".

Abraham Lincoln

Evitare del tutto il credito non è necessariamente un'idea intelligente. Se sapete come gestirlo correttamente e seguite semplici regole di gestione del credito, potrete prendere decisioni finanziarie intelligenti. Pagare in contanti o con una carta di debito è sempre meglio del finanziamento, ma in alcuni casi sapere come gestire il debito è importante e deve essere appreso. Ad esempio, quando si acquista una casa bisogna avere un buon credito per ottenere finanziamenti dalla banca. Se siete in grado di trovare abbastanza soldi potete evitare del tutto i finanziamenti, ma la maggior parte della gente non ha abbastanza soldi in banca per pagare una casa completamente e quindi deve chiedere un prestito alla banca. Ci sono altre situazioni in cui dovrete avere anche un buon credito, per cui dovrete imparare come gestirlo correttamente in modo da utilizzarlo solo per ciò che è necessario.

Le regole importanti da seguire quando si tratta di credito sono:

1. Non prendete in prestito denaro se potete pagare in contanti.

2. Restituite sempre ciò che dovete. (Il prima possibile).

3. Mai prendere in prestito più di quanto si possa pagare.

4. Mai prendere in prestito denaro per acquistare cose di cui non si ha bisogno.

5. Non prendere a prestito denaro per investimenti rischiosi.

Denaro o credito?

La maggior parte delle persone ha l'uno o l'altro. O hanno denaro in banca o hanno carte di credito e debito. Il credito può essere spesso utile, se gestito correttamente. La regola generale è quella di acquistare solo quello che si pagare immediatamente e non dopo essere pagati. Avere denaro dovrebbe essere la vostra priorità, mentre avere credito disponibile è secondario. Avere soldi in banca è una priorità perché non dovete pagare interessi, potreste anche ricevere interessi sugli interessi (interesse composto). Mentre le carte di credito richiedono che si paghino interessi sul denaro che dovete. Inoltre, quando si utilizzano carte di credito, pagherete tassi di interesse elevati e, talvolta, tasse annuali, che possono peggiorare ulteriormente le cose.

RICORDATE LA REGOLA: "Utilizzate il credito solo quando avete la stessa quantità di denaro in banca per poter pagare immediatamente".

Risparmio o pagamento di interessi?

La maggior parte delle persone fa una delle due cose. Risparmiano denaro fino a quando non possono permettersi di acquistare ciò che vogliono, oppure utilizzano la loro carta di credito e finanziano l'acquisto. Quando risparmiate, non pagate gli interessi. Quando utilizzate una carta di credito, vi verrà addebitato l'interesse sul denaro utilizzato. Pagare gli interessi significa che tutto ciò che avete acquistato è diventato più costoso semplicemente perché lo avete finanziato. Sappiate riconoscere la differenza tra queste due opzioni, in quanto possono determinare il livello di ricchezza in futuro.

Esempio:

Risparmiare utilizzando interessi composti in 30 anni

Qualcuno che è in grado di risparmiare 500 euro ogni mese e guadagnare un tasso di interesse del 1% in un conto di risparmio che componga interesse su base mensile, dopo 30 anni avrà 209.814 euro.

Pagare interessi su una carta di credito per oltre 30 anni

Se fate pagamenti di interessi con carta di credito 500 euro ogni mese per 30 anni, paghereste 180.000 euro.

Qual è la differenza?

Risparmiare 500 euro con interessi composti vi ha permesso di avere 209.814 euro dopo 30 anni, mentre i pagamenti di interessi di 500 euro in 30 anni vi hanno permesso di risparmiare "0". Ecco perché è importante stare lontano dai debiti dal pagamento degli interessi. Nel corso del tempo, gli uni prosperereanno, gli altri non avanzeranno di un passo. Dopo 30 anni il risultato può essere frustrante o soddisfacente, tutto dipende da voi. Non indebitatevi, e se lo siete uscitene al più presto.

Il processo di credito

Per finanziare un acquisto, avete bisogno di una carta di credito. Per avere una carta di credito, è necessario avere l'autorizzazione dalla banca per accedere al credito. Per avere accesso al credito, dovrete avere un punteggio di credito. Maggiore è il punteggio del credito, più è probabile che il vostro credito sia approvato.

Cos'è un punteggio di credito?

Si tratta di una cifra che le banche e i finanziatori utilizzano per stabilire se siete eleggibili per un credito. Devono prestarvi denaro? Avete pagato i debiti passati? I punteggi di credito vanno da 300 a 850. Le persone che devono soldi sono chiamate mutuatari. I mutuatari che hanno un alto punteggio di credito hanno maggiori probabilità di pagare un prestito.

I punteggi di credito sono determinati da un certo numero di fattori tra cui:

- Da quanto tempo chiedete finanziamenti. Quando vi è stato accordato il primo finanziamento, in qualsiasi forma. Meno di un anno è considerato un periodo breve e quindi non otterrete un punteggio molto alto. Più di 5 anni è molto meglio. Oltre 10 anni è ottimo.

- Quanto credito avete a disposizione. Se la vostra carta di credito ha un limite di 300 euro, allora avete un limite di credito molto basso. Se avete una carta di credito che ha un limite di 10.000 euro, avete un limite di credito elevato e dovreste avere il potenziale per un punteggio di credito elevato.

- L'ammontare del vostro debito. È necessario assicurarsi che l'importo sulla vostra carta di credito o debito sia inferiore al 30% in generale, ma meno si deve e meglio è. Ricordate che se volete pagare completamente la vostra carta di credito, quando il conto arriverà, vi sarà addebitato un interesse. Ad esempio, se avete una carta di credito con un limite di 1.000 euro e avete acquistato libri e altri materiali scolastici che ammontavano 100 euro, sarete al 10% del vostro credito. 100 / 1.000 = 10%.

- Quante volte avete fatto richiesta di credito. Devi richiedere credito solo per crearvi un profilo di credito e quando ne avete bisogno. Richiedere credito troppo spesso farà cadere il vostro punteggio di credito.

- Mescolare i diversi tipi di credito che avete migliorerà il vostro punteggio di credito. Questa non è una regola e non sempre accade, ma è spesso suggerita dalle agenzie di reporting del credito. Molte persone che hanno solo carte di credito o hanno solo un prestito auto, spesso posso avere punteggi alti, se hanno pagato regolarmente.

Alcuni tipi di credito che si possono avere:

- Carte di credito

- Prestiti

- Prestiti per studenti

- Mutui (mutui casa)

- Prestiti per affari

- Carte di credito per acquisti in negozi

Pagare regolarmente

Questo è uno dei componenti più importanti per determinare il vostro punteggio di credito. Pagare sempre la fattura della carta di credito in tempo e prima della data dovuta!

Se la data dovuta è il ^{15esimo} giorno del mese, pagate il ^{decimo,} in modo da consentire la fattura di arrivare e di essere elaborata in tempo. Non pagare le bollette in tempo vi porterà ad avere bassi punteggi di credito e anche altre banche non vi presteranno denaro. Se pagate regolarmente, vedrete che il vostro punteggio di credito aumenterà gradualmente.

Quante volte avete fatto richiesta di credito?

Se chiedete continuamente carte di credito e le banche continuano a negarle, il vostro punteggio di credito diminuirà. Quando qualcuno controlla il vostro credito per prestarvi denaro, abbiamo una pratica di "richiesta di credito". Dovrete cercare di minimizzarli perché altrimenti abbasseranno il vostro credito e le banche si domanderanno perché siete così disperatamente alla ricerca di credito. Meno di 3 all'anno è l'ideale.

Come influisce il punteggio di credito sul vostro futuro?

Fare pagamenti regolari sulla carta di credito può aiutare ad avere un buon punteggio di credito e ciò vi farà risparmiare un sacco di soldi quando comprerete una casa e dovrete accendere un mutuo. Avere un buon punteggio di credito spesso vi eviterà dal dover effettuare un deposito quando farete l'allacciamento dell'elettricità nella vostra casa. Vi potrà anche far risparmiare sull'assicurazione auto che nel tempo potrebbe aumentare se il vostro punteggio diminuisce. Avere un buon punteggio di credito può anche influenzare la vostra capacità di ottenere un lavoro. Se vedono che non siete in grado di effettuare i pagamenti regolari o non avete alcun credito, potrebbero supporre che agirete irresponsabilmente anche sul lavoro. Finanziare un'auto o dei mobili sono altri motivi per cui è meglio assicurarsi di avere un buon punteggio di credito. In generale, più soldi finanziate, più desisterete avere un tasso di interesse più basso. I tassi di interesse sono comunemente determinati dal vostro punteggio di credito.

Come costruirsi un credito

Richiedete una carta di credito e acquistate qualcosa di cui avete bisogno (non qualcosa che desiderate). Poi pagate il debito completamente. Ecco fatto. Non avrete bisogno di prendere a prestito soldi per molto tempo o acquistare altre cose. Questo è un comune malinteso, molti pensano di dover essere in debito per poter avere un buon credito. Ogni tanto, quando avete bisogno di effettuare un acquisto, che potete pagare immediatamente perché disponete di quel denaro in banca, acquistate quello che vi serve con carta di credito e poi pagate quando arriva il conto. Quando sarà il momento di finanziare qualcosa di più grande come una casa, sarai pronti.

Come gestire il credito

Non trascinate il debito di mese in mese. Non richiedete ogni carta di credito che vedete. Acquistate quello che vi serve utilizzando la carta di credito e pagate appena arriva il conto. Semplificate le cose. Quando cominciate ad accumulare il debito, le cose diventano complicate.

Come pagare il debito

Il pagamento del debito è semplice quando avete un piano ed il denaro per pagarlo. Non effettuate mai pagamenti minimi sulle carte di credito perché non avrete mai finito di pagare quello che dovete. Se non siete mai in grado di pagare il debito, diventerete schiavi del denaro.

Non lasciare che il denaro vi possieda. Non si vive per questo, bisogna capirlo.

Avere carte di credito può essere utile se vengono gestite correttamente

Quando si viaggia in un altro paese, può essere molto utile avere una carta di credito per pagare, invece di portare in sé contanti. Pagare per le cose in contanti può attirare gli scippatori nei paesi stranieri.

Alcune carte di credito hanno offerte (anche miglia di viaggio) che possono essere molto vantaggiose, ma avere debiti solo per le offerte bonus non è una cosa intelligente. Richiedete queste carte di credito solo quando prevedete di viaggiare o avete spese fisse che richiedono pagamenti con una carta di credito. Inoltre, alcune carte di credito è meglio chiuderle se hanno tariffe annuali. Le commissioni annuali sono i pagamenti che dovete fare ogni anno semplicemente per avere la carta. Questi possono variare da 15 a 500 euro. Verificate se c'è una quota annuale prima di richiedere una carta di credito. Alcune carte di credito rinunciano all'addebito per il primo anno o vi consentiranno di accedere ad una carta di credito più semplice per eliminare la spesa annua.

Siate intelligenti, non date alle banche denaro per niente.

Quanti punteggi di credito è possibile avere?

Ci sono in realtà 3 punteggi di credito che è possibile avere, ma la maggior parte delle banche verificherà solo uno di essi quando deciderà di autorizzarvi il credito. Solo quando si richiede un mutuo, le banche li controlleranno tutti ed utilizzeranno un punteggio medio. Ad esempio, potete avere 673 700 713 come punteggi di credito. La banca utilizzerà 700 come il vostro punteggio di credito per la vostra richiesta di mutuo in quanto è il punteggio medio. Normalmente, le banche controlleranno solo uno dei vostri punteggi quando decideranno se concederti credito o no.

Non tutte queste informazioni saranno rilevanti per la vostra situazione, ma come conoscenza generale è bene sapere come funziona il credito e come possiate trarne vantaggio.

Capitolo 5

PERCHÉ DOVRESTE RISPARMIARE ORA PER POSSEDERE UNA CASA IN FUTURO?

"L'educazione costa denaro, ma anche l'ignoranza".

Claus Moser

La vostra casa sarà quella in cui vivrete ed avrete bisogno di avere un posto in cui vivere.

Se affittate un appartamento o una casa da qualcun altro per tutta la vita, non avrete mai la vostra casa. Quando possedete la vostra casa avrete la possibilità di estinguere il prestito che la banca vi ha concesso per acquistare la vostra casa. Quando finirete di rimborsare il prestito (noto anche come mutuo) dovrete solo pagare l'assicurazione, le tasse e gli altri costi di manutenzione.

Preparatevi per essere proprietari di casa ed eliminare le spese future

Pagando il vostro mutuo eliminerete una grande spesa, il che significa che avrete più denaro da risparmiare o da usare per godervi la vita. Se comprate la vostra casa quando siete giovani, potete pagarla prima e potrete vivere presto una vita libera dai debiti. Le cose saranno molto più facili per voi più tardi nella vita se avrete un approccio pro-attivo a possedere la vostra casa.

Queste sono alcune delle future spese che avrete che dovrete mantenere al minimo per aumentare la vostra capacità di risparmio:

- Alimentari

- Alloggio (la vostra casa)

- Elettricità

- Gas

- Acqua

- Auto

- Gas

Che cos'è un mutuo?

Un mutuo è un prestito bancario che vi permetterà di versare denaro come un acconto quando acquistate una casa. Un acconto è l'importo di denaro proveniente dal vostro conto corrente e che servirà per l'acquisto della vostra casa. La banca generalmente vi darà denaro soldi a un tasso fisso, il che significa che tu pagherete l'importo che vi hanno prestato più un importo supplementare per il costo del denaro che vi stanno prestando, noto anche come "carico di interessi" nella forma di un "tasso di interesse". I pagamenti vengono normalmente effettuati su base mensile. Il prestito verrà estinto dopo che avrete effettuato pagamenti per il periodo di tempo stabilito e contrattato con la banca, ma potrete sempre pagare l'intero prestito quando volete, se avrete i soldi per farlo e se la banca non vi addebiterà una penale per questo. Per ottenere un'ipoteca dovete avere la capacità di effettuare i pagamenti mensili in modo da poter avere i redditi necessari per effettuare questi pagamenti regolarmente.

Come farsi approvare un mutuo

Ottenere l'approvazione per un mutuo o un prestito richiede che abbiate diverse cose in atto. Alcune delle cose che dovrete avere a posto sono:

1. Avere una fonte di reddito sufficiente a coprire tutte le vostre spese. Questo reddito può provenire da un lavoro o da una attività che avete iniziato.

2. Avere risparmi in denaro per un acconto e per pagare i costi (i costi che dovrete sostenere per acquistare la vostra casa).

3. Stabilità professionale. Avere un lavoro o lavorare nello stesso tipo di attività per circa due anni dimostra che lavorate in modo stabile.

4. Riconoscimento del credito. Debiti pagati nei termini dimostrano che siete in grado di effettuare pagamenti in modo responsabile e ciò si può generalmente desumere dal vostro rapporto sul credito. Ciò consentirà alle banche e agli istituti di credito di prendere una decisione consapevole nel determinare se prestarvi denaro per l'acquisto della vostra casa.

Cosa appare un mutuo a 30 anni?

Un mutuo a 30 anni appare così:

Si acquista una casa per 300.000 euro.

Si ottiene un finanziamento da una banca sotto forma di mutuo del 95% (il 95% del valore della casa) che potrebbe essere: 285.000 euro.

Ciò significa che avrete versato un acconto del 5%, pari a 15.000 euro. Questo è il denaro che avete risparmiato nel vostro conto corrente e che utilizzerete per pagare una parte della casa, mentre la banca vi presterà il resto.

Il vostro mutuo mensile ad un tasso del 4,5% apparirebbe così:

Pagamenti mensili di ipoteca per 30 anni = 1.444 euro

Questo pagamento include il capitale e gli interessi. Il finanziamento principale è quello che state pagando in debito (stai restituendo alla banca ciò che vi ha dato sotto forma di prestito.) E l'interesse è l'importo che dovrete pagare alla banca per finanziare l'acquisto della vostra casa. I pagamenti vengono effettuati per 30 anni, ma nella maggior parte dei casi possono essere rimborsati integralmente prima di tale termine. Un mutuo è una grande responsabilità che richiede che abbiate un reddito e un risparmio sufficienti per continuare a pagare regolarmente. Se effettuerete un pagamento ipotecario in ritardo, dovrete pagare una penale che varia in base ogni banca, quindi non pagate mai in ritardo. Alcune persone ottengono ipoteche per brevi periodi di tempo come 10 anni o 15 anni, ma questo significa che i vostri pagamenti mensili di ipoteca saranno più alti.

Come fare a pagare prima il mutuo?

Il pagamento del mutuo richiede una pianificazione e risparmio. Le cose da ricordare sono: guadagno abbastanza soldi ogni per risparmiare quello che è necessario per pagare presto il mio mutuo? Posso fare ulteriori pagamenti ipotecari per ridurre il debito che ho con la banca?

Per risparmiare di più bisogna fare tre cose:

- Abbassare le spese totali

- Aumentare le vostre entrate

- Risparmiare ogni mese prima di pagare le spese e guadagnare interessi su tali risparmi.

Pianificare di pagare prima il vostro mutuo richiede che effettuate pagamenti supplementari principali ogni mese in modo coerente. Dovreste pianificare di tenere sempre un importo di pagamento che siete comodamente in grado di sostenere ogni mese pur risparmiando denaro.

Contanti o mutuo?

Se avete risparmiato abbastanza per pagare la casa in contanti e non avete bisogno di finanziamenti bancari, questa è sempre una scelta migliore perché eviterai il pagamento degli interessi.

Capitolo 6

COME UN INTERESSE COMPOSTO PUO' FAR AVANZARE IL VOSTRO FUTURO FINANZIARIO

"Non limitare i tuoi figli al tuo solo apprendimento, perché sono nati in un'altra epoca".

Proverbio cinese

La forza più potente della terra

Gli interessi composti sono gli interessi che vengono pagati sui risparmi e sugli interessi che avete guadagnato da quei risparmi che sono stati conservati in un conto bancario. L'interesse che vi viene pagato non richiede che lavoriate o facciate altre attività. La banca vi paga semplicemente questo denaro per tenere i vostri soldi nel loro conto bancario. È così semplice e molto efficace, se è costante nel tempo.

Come si inizia ad ottenere un interesse composto?

Basta andare in una banca e scoprire che interessi riconoscono nei loro conti bancari e confermare se l'interesse è composto su base mensile o giornaliera. Non vi interessa ottenere interessi composti trimestralmente o annualmente, perché ci sono molte altre banche che applicano interessi composti mensilmente o addirittura quotidianamente. Una volta trovata la banca che paga il tasso di interesse più elevato e che lo componga quotidianamente o mensilmente, chiedere al rappresentante della banca i requisiti del conto riguardo gli importi minimi da aprire e se eventuali spese sono associate al conto. Non pagate eventuali spese bancarie. Se lo farete, perderete il beneficio dell'interesse composto. Scegliete sempre un conto che non abbia tasse, pagate il tasso di interesse più alto e che comporti interesse almeno su base mensile.

Il vostro obiettivo dovrebbe essere quello di effettuare depositi automatici ogni mese di un importo specifico in modo da poter vedere crescere il vostro denaro e cominciare a vedere gli effetti dell'interesse composto. Dovreste vedere pagamenti di interessi ogni mese depositati sul vostro conto bancario. Ottenere gli interessi pagati è grande ma ricorda di non ritirare tale interesse in modo che tu sia pagato interesse su tale interesse il mese successivo. Questa è la ciliegina sulla torta!

Alcune delle persone più ricche al mondo vivono dei pagamenti di interessi e tutto grazie alla potenza degli interessi composti. Utilizzate il loro esempio e seguite i semplici passi necessari per creare ricchezza a lungo termine negli anni.

Prima iniziate e meglio è. Quanto più siete giovani, tanto più anni avrete davanti per iniziare a ricevere pagamenti di interessi e più potrete beneficiare di un interesse composto.

Piccole quantità possono diventare più grandi nel tempo utilizzando l'interesse composto, quindi non importa se iniziate con poco. La chiave è quella di fare depositi in modo coerente ogni mese e di ottenere interessi che possano crescere esponenzialmente.

Questo è un approccio semplice e alla mano per creare ricchezza che vi stupirà davvero una volta che avrete iniziato a metterlo in pratica.

Esempio 1:

Se versate 500 euro ogni mese ed avete un conto con interesse al 1%.

Se disponete di un conto di risparmio che guadagna l'1% (in media nel periodo di 30 anni) e versate la stessa somma ogni mese, che in questo caso sarebbe di 500 euro, accumulereste circa 209.814 euro.

Esempio 2:

Se versate 10.000 euro ogni mese ed avete un conto con interesse al 3%

Se disponete di un conto di risparmio che guadagna l'3% (in media nel periodo di 30 anni) e versate la stessa somma ogni mese, che in questo caso sarebbe di 10.000 euro, accumulereste circa 5.827.369 euro.

Più si risparmia e più alto è il tasso di interesse, più si beneficerà di un interesse composto. Inoltre, prima inizierete a risparmiare e a guadagnare interesse composto, tanto più velocemente questo crescerà.

Capitolo 7

L'INTERESSE COMPOSTO E' UN RAZZO O UN'ANCORA?

"La curiosità nelle menti dei bambini dovrebbe essere coltivata per saperne di più su numeri e lettere. I bambini devono conoscere la vita, il denaro e come diventare leader nella nostra società in continua evoluzione ".

Anonimo

L'interesse composto può avere effetti potenti sulle vostre finanze nel tempo. Può lavorare a vostro favore se state guadagnando interessi composti e può funzionare contro di voi se state pagando interessi sul debito della carta di credito. Sapere come trarre vantaggio dall'interesse composto e renderlo parte della vostra vita dovrebbe essere una delle vostre principali priorità finanziarie.

Interesse composto o debito?

Quando iniziate a fare acquisti o ad accedere ad un credito, inizierete a pagare interessi e quando consentirete a questi interessi di accumularsi inizierete a pagare interessi sugli interessi accumulati. Questo accumulo di interessi lavora contro di voi. Questo è ciò che non volete. Imparate a pagare le cose in contanti o imparare a pagare gli acquisti che fate con la tua carta di credito nello stesso mese.

Il vostro obiettivo dovrebbe essere che la banca vi paghi gli interessi sugli interessi che state accumulando sul vostro conto bancario e li componga quotidianamente o mensilmente. Guadagnare da interessi composti dovrebbe essere il vostro obiettivo principale e al più alto tasso di interesse senza rischio, il che significa che deve provenire da una banca e non da un amico o un membro della famiglia che offre di pagarvi un interesse più elevato.

Non pagate interessi composti (interessi pagati sui debiti). Guadagnate sugli interessi composti. Pagare gli interessi composti è un percorso garantito per non diventare finanziariamente stabili o ricchi. Molte persone non riescono a pagare gli interessi sulle carte di credito mentre dovrebbero pagarli più presto possibile. Il guadagno da interessi composti vi permetterà di trovare la felicità finanziaria e la crescita a lungo termine. Mai lasciare che l'interesse composto diventi un'ancora nella vostra vita!

Devo pagare i debiti o dovrei continuare a ricevere pagamenti di interessi dalla banca sui miei risparmi?

Questa è una domanda comune che molte persone si fanno e hanno difficoltà a decidere, ma deve sempre essere risolta allo stesso modo. Estinguete i vostri debiti utilizzando vostri risparmi prima di iniziare a ricevere un interesse composto. E' molto importante perché non potete progredire da punto di vista finanziario se state pagando interessi sui debiti e ricevete interessi sui risparmi. I risultato finale sarà che non progredirete in nulla di quello che fate. Probabilmente pagherete più interessi di quanti ne riceverete perché i tassi sui crediti delle banche sono molto più alti di quelli che vi pagheranno sul conto di risparmio. Estinguete i vostri debiti e risparmiate abbastanza da ricevere interessi composti sui vostri risparmi ora che non avete più debiti.

Per avere successo dal punto di vista finanziario ricordatevi sempre di:

1. Risparmiare denaro.

2. Estinguere i vostri debiti.

3. Quando sarete liberi dai debiti, iniziate a guadagnare interessi composti sui vostri risparmi.

L'interesse composto come razzo

Se voleste inviare un razzo sulla luna non potreste volare sue giù, altrimenti il razzo non decollerà mai. Dovete concentrarvi a salire, in questo modo potrete sparare in alto in piena forza. In questo modo le finanze funzionano bene. Eliminate i debiti e i pagamenti di interessi, in questo modo potrete far crescere i vostri risparmi con gli interessi composti.

Tenendovi gli amici e i membri della famiglia

Fate sempre che sia la banca a pagarvi gli interessi composti e non gli amici o i membri della famiglia che vi chiedono di investire con loro. Se invece volete donare il vostro denaro ad amici o membri della famiglia, in questo caso la situazione è diversa, e deciderete voi cosa fare dei vostri risparmi. Scegliete di mantenere i vostri amici e la vostra famiglia prendendo decisioni sagge quando deciderete di prestare loro del denaro.

Risparmiate di più per aumentare i vostri interessi composti

Per crescere finanziariamente è necessario che aumentiate i vostri risparmi. Aumentando i risparmi, avrete la capacità di aumentare la quantità di interessi composti. Per aumentare i vostri risparmi dovete spendere meno e guadagnare più soldi. Questi sono i due semplici passi per aumentare i risparmi. Cercate di capire cosa spendete e se potete eliminare o sostituire qualche cosa con altre che costano meno e che comunque vi possano dare lo stesse beneficio.

Alcuni dei modi migliori per ridurre le spese sono:

- Pianificare le proprie spese in anticipo.

- Acquistare quello che serve e non quello che si vuole. E' possibile mettere nel budget piccole somme per le cose che desiderate, ma fate attenzione che sia una piccola percentuale del vostro reddito.

- Non acquistate d'impulso ma rimandate gli acquisti di uno o due giorni per capire se sono veramente necessari.

- Portate meno contante con voi ed evitate l'uso delle carte di credito. Le carte di credito di solito hanno limiti elevati questo può indurre le persone a spendere di più, è un problema di molti.

- Andate nei negozi con persone che hanno la stessa mentalità. Se andate a fare acquisti con spendaccioni sarà molto difficile anche per voi risparmiare e probabilmente spendereste di più di quanto dovreste. Evitate di fare acquisti con loro, a meno che non siano le uniche persone a farlo.

- Portate con voi contanti o carte di debito, anziché carte di credito.

- Sostituite gli svaghi a pagamento con quelli gratuiti o che abbiano un costo molto basso.

- Elimina gli abbonamenti o altri costi ricorrenti.

Esempio:

Risparmiare 1.000 euro ogni mese con un tasso di interesse mensile del 1%

Se versate 1.000 euro ogni mese e accumulate gli interessi ad un tasso di interesse del 1% ecco cosa succederebbe dopo 30 anni:

Anno 1: 12.055 euro

Anno 2: 24.231 euro

Anno 3: 36.530 euro

Anno 4: 48.952 euro

Anno 5: 61.499 euro

Anno 6: 74.172 euro

Anno 7: 86.972 euro

Anno 8: 99.901 euro

Per motivi di semplificazione passeremo all'anno 30:

Anno 30: 419.628 euro

Qual è stato il risultato?

In questo caso avrete risparmiato 360.000 euro ed avrete guadagnato 59.628 euro sotto forma di interessi bancari. Non dovrete lavorare o fare molto sforzo per ricevere i 59.628 euro che avrete guadagnato dal pagamento degli interessi, ecco perché si dice reddito passivo. Questo esempio era basato su un tasso di interesse mensile del 1%, ma alcune banche pagano anche di più. Potete sempre spostare il denaro in un'altra banca che paga il 2% o il 3% o più. La maggior parte delle banche applica una penalità per prelevare denaro dalla banca (chiedete sempre se c'è una tassa di prelievo, nel caso in cui si disponga di un tipo di conto particolare). Non esitate a spostare il vostro denaro in una banca che paga di più.

Capitolo 8

CONSIGLI SUL VOSTRO CONTO DI RISPARMIO

"Dimmi e dimentico, insegnami e ricordo, coinvolgimi e imparo".

Benjamin Franklin

Sappiamo tutti quanto sia importante risparmiare denaro per il futuro, ma sapete quale sarebbe il miglior percorso per raggiungere questo obiettivo? Questa è probabilmente la domanda più importante che dovrete porvi. Per alcune persone, il risparmio semplicemente non è possibile, per cattive abitudini o per via del reddito troppo basso. Spendere meno e aumentare il reddito è fondamentale per risparmiare ciò che è necessario per avere un futuro finanziario più brillante. Prendervi il tempo per abbassare ogni giorno e spese, vi darà una visione più realistica su quanto state spendendo veramente. L'aumento del reddito può essere realizzato semplicemente ottenendo un secondo lavoro o svolgere attività extra come la babysitter, l'insegnante di varie materie scolastiche, facendo coaching ecc...

Come è possibile aumentare il proprio conto di risparmio fino al punto di massimizzarne il potenziale?

1. Concentratevi sull'incrementare i versamenti pianificando in anticipo quanto potete risparmiare ogni mese per il vostro conto di risparmio.

2. Cercate le banche che applicano tassi di interesse più alti. Alcuni conti bancari potrebbero richiedervi un saldo medio minimo che dovete mantenere in ogni caso, mentre alcune altre potrebbero richiedervi versamenti ogni mese. Trovatene una che si adatti alla vostra situazione specifica e che vi garantisca la massima flessibilità nel caso troviate un'altra banca che paga interessi più alti. I certificati di deposito possono fruttare di più in alcune banche, e generalmente non dovrete pagare interessi composti, il vostro primo scopo.

3. Trovate una banca che offra conti che compongano gli interessi mensilmente o addirittura quotidianamente, in modo da ottenere il massimo effetto dai vostri risparmi.

4. Trovate banche che offrono bonus di apertura di conto che possono aumentare notevolmente i risparmi rispetto a quelle che vi offrono solo gli interessi senza un bonus iniziale. Assicuratevi che si tratti sempre di un bonus che richiede un breve periodo di tempo in cui è necessario mantenere il conto (normalmente meno di 6 mesi).

5. E' giusto chiudere un conto corrente e aprirne un altro con un interesse più alto dato che il vostro scopo è quello di ricevere pagamenti di interessi ininterrottamente in modo da far crescere il vostro capitale. Alcune banche pagano tassi di avvio più alti che scendono dopo alcuni mesi. Quando il tasso scende, spostate il denaro su un altro conto bancario, non dovrete permettere che ciò influenzi negativamente il vostro risparmio, verificate solo che non ci siano spese o penalità per la chiusura del conto.

Capitolo 9

TITOLARE O IMPIEGATO?

"Non posso insegnare niente a nessuno, posso solo farli riflettere".

Socrate

Cominciamo da alcune semplici domande a concetti semplici che dovrete conoscere e capire per quanto riguarda l'avvio e l'investimento in un'azienda.

Cos'è un'impresa?

Un'impresa è una persona giuridica che fa profitto producendo beni o offrendo servizi oppure vendendo oggetti già realizzati. L'obiettivo per la maggior parte delle imprese è quello di fare profitto. Le imprese possono essere avviate da una o più persone.

Perché dovreste avviare un'impresa?

L'avvio di un'impresa può essere un'esperienza divertente e gratificante che vi potrà aiutare economicamente e psicologicamente. Economicamente avrete il potenziale per guadagnare di più rispetto a lavorare per qualcun altro e risparmiare denaro sulle tasse. Psicologicamente potrete liberare un pò del vostro tempo se sarete in grado di strutturare la vostra attività in modo che i vostri dipendenti svolgano tutto il lavoro e si occupino delle generali operazioni commerciali. Può essere stressante, ma molto meno stressante che avere un capo e delle scadenze. Avrete la libertà di prendere le vostre decisioni, invece che eseguire gli ordini.

Andiamo ad affrontare alcuni dei vantaggi e degli svantaggi di possedere un'impresa.

Vantaggi di avviare un'impresa:

- Maggiore libertà nel processo decisionale.

- Possibilità di guadagnare di più rispetto a lavorare come dipendente.

- Possibilità di pagare meno tasse in percentuale rispetto ad un dipendente.

- Ricevere gli onori in caso di successo.

- Potete scegliere le ore di lavoro ed i giorni di vacanza.

Svantaggi di avviare un'impresa:

- Maggiore responsabilità nei processi decisionali.

- Molte più ore di lavoro, nella fase iniziale di avvio.

- Il rischio di perdere il denaro investito nell'impresa.

- Dover gestire i dipendenti.

- Lunghe ore di lavoro, in molti giorni della settimana, in base al tipo di impresa che avete.

Cosa sono le tasse commerciali?

Le tasse sulle imprese sono quelle che dovete pagare allo Stato o al governo per i profitti aziendali che guadagnerete durante l'anno. Generalmente le tasse personali permettono di dedurre poco, mentre quelle dell'impresa hanno diritto a molte detrazioni. Deducendo più spese è possibile ridurre l'ammontare delle tasse da pagare.

È meglio pagare un sacco di tasse o pagarne poche?

Il pagamento delle imposte va a beneficio della società nel suo complesso in quanto il governo può utilizzare i fondi raccolti in tasse per costruire più strade, migliorare le scuole e assumere più lavoratori aumentando i posti di lavoro. Per voi come persona, pagare molte tasse vuol dire ridurre quello che potete risparmiare, con effetto negativo negli anni a venire.

Come mettersi in proprio

Il modo migliore per avviare un'attività è pensare a tutte le cose che vi piace fare quotidianamente. Quali sono i vostri hobby? A quali attività dedicate la maggior parte del vostro tempo? Sono domande importanti che dovrete porvi quando vorrete avviare la vostra attività. Dovreste sempre scegliere un'impresa in cui poter fare qualcosa che vi piace. Ad esempio, se amate mangiare, considerate le aziende che potreste avviare che riguardino il mangiare, preparare cibi, degustare cibo, sviluppare nuovi tipi di alimenti, ecc. Un altro esempio potrebbe essere che se vi piace fare esercizio fisico, potete iniziare un'attività che preveda l'addestramento di altri altre, sviluppando attrezzature per esercizi che potrebbero avere un utilizzo specifico, creando un drink sportivo o una barretta energetica per aiutare gli atleti a recuperare le forze più velocemente e a fare performance migliori ecc. Ci sono milioni di modi per affrontare l'avvio di un'impresa, ma il modo migliore è scegliere qualcosa che già vi piace fare.

Perché è importante avere un'azienda in cui si fa quello che si ama?

Se amate fare una particolare attività non vi peserà lavorare tutto il giorno e anche nei fine settimana, se necessario. La maggior parte delle imprese richiede molte ore inizialmente e un sacco di sforzi per farla andare bene e risultati arriveranno molto più tardi. Per avere successo è necessario aumentare le vendite e attirare clienti nella vostra azienda. Di solito la gente acquista le cose da qualcuno che crede davvero nei suoi prodotti e nei sui servizi. Se vendete qualcosa che vi piace, sarà molto più facile motivare la gente a comprare.

Se amate disegnare o dipingere, insegnate qualcun altro a dipingere o disegnare, non farete fatica. Il tempo passerà più in fretta e non vi sembrerà nemmeno di lavorare. Disegnare e dipingere tutto il giorno non sarà un problema per voi anche se dovrete rimanere svegli fino a tardi, non vi importerà. Ecco perché è importante lavorare a qualcosa che si ama veramente.

Cosa succede se iniziate un'attività che non vi piace particolarmente ma che è potenzialmente molto redditizia?

Va bene comunque. Basta ricordare che l'obiettivo finale non dovrebbe essere il denaro, ma quello che intendete fare con quel denaro. Questo vi aiuterà a rispondere alla vera domanda che è: "che cosa voglio fare nel tempo che ho a disposizione?" Se volete fare abbastanza soldi per essere in grado di viaggiare nel mondo, trovare un business che vi permetterà di farlo, ma non fatelo solo per il denaro. Avviare un'impresa solo per fare soldi è come correre solo per perdere peso. Ci potrebbero essere alternative per perdere peso che potrete godere di più e che potrete fare per ore perché vi piaceranno. Se volete perdere peso potete fare altre attività come: corsi di karate, cardio-boxe, nuoto, canottaggio, calcio, rugby, ginnastica, tennis, ecc.

Molti imprenditori di successo ripetono spesso la frase: "fate quello che amate e il denaro verrà".

Iniziate ora con idee semplici che potete sviluppare

Estraete un foglio di carta e iniziate a scrivere diverse attività che potreste iniziare in base alle attività che vi piacciono e che vi riescono bene. Siate il più precisi possibile. Includere tutte le cose di cui avrete bisogno e le persone che potrebbero essere coinvolte. Inoltre, calcolate i costi iniziali che avreste e che tipo di profitti prevedete di realizzare. E' sempre bene ipotizzare uno scenario peggior e uno migliore quando si valutano i numeri, in modo tale che potreste essere preparati ai momenti negativi (quando dovrete ridimensionarvi) o ai momenti positivi (quando dovrete trasferirvi in spazi più grandi ed assumere più dipendenti).

Ricordatevi di specificare gli elementi chiave di cui tutte le aziende hanno bisogno:

- Posizione aziendale: può essere un negozio, casa vostra o online.

- Orari di lavoro: decidete i ritmi che avrete voi e la vostra azienda.

- Dipendenti: avrete bisogno di dipendenti o farete tutto da soli?

- Investimento iniziale: di quanto denaro avete bisogno per iniziare?

- Prodotto: decidete cosa venderete. Venderete un prodotto o fornirete un servizio?

- Quanto farete pagare il vostro prodotto e il vostro servizio?

- Quanto profitto avrete su ogni prodotto o servizio fornito?

- Di quanto avrete bisogno per fare profitto e per coprire tutte le spese, compresi gli stipendi?

- Quanto potrete iniziare l'attività?

- Quanto tempo ci vuole per iniziare a fare un profitto?

- Quanto è competitivo questo prodotto o servizio? Scoprite chi sarà la vostra concorrenza e se la posizione della vostra azienda sarà quella ideale per questo tipo di prodotto.

- Come pubblicizzerete il vostro prodotto al pubblico? Pubblicizzare il prodotto vi porterà clienti che si trasformeranno in vendite.

Capitolo 10

CREARE UNA MACCHINA DA DENARO

"Non ho mai lasciato che la mia scolarizzazione interferisse con la mia istruzione".

Mark Twain

Le imprese sono spesso considerate macchine da denaro perché hanno la capacità di aumentare il potenziale di reddito o il denaro che sarete in grado di produrre. Le imprese possono garantire ai loro proprietari molti vantaggi, ma i due principali sono: la capacità di fare più soldi e il vantaggio di dedurre più spese dal reddito, prima di pagare le tasse. I proprietari di imprese hanno molta più flessibilità e libertà di decidere cosa fare per rendere l'attività più efficace, rispetto ai dipendenti.

Avviate la vostra impresa!

Dovreste sicuramente iniziare la vostra attività se avere il desiderio di essere il tuo capo di voi stessi, fare le vostre regole anziché dover ascoltare il vostro capo che vi dirà cosa fare come dipendenti. Per avviare la vostra attività è necessario:

- Registrate la vostra attività.

- Aprite un partita IVA per la vostra attività fiscale.

- Ottenete tutti i permessi necessari per svolgere legalmente il vostro business.

- Trova una sede per la vostra attività o create un sito web per condurre l'attività online.

- Apri un account aziendale in un social media per far sapere a tutti che siete in attività.

Siate creativi

Quando si avvia un'impresa si ha l'opportunità di essere creativi e scegliere il tipo di attività che si desidera e quali prodotti vendere. Sono state sviluppate attività nuove e insolite che non esistevano prima:

- Noleggio di passeggini per bambini, seggiolini per auto e presepi.

- Attività di tutoraggio.

- Servizi di coaching professionale.

- Noleggio di abiti da sposa.

Siate creativi nel modo in cui commercializzi il tuo prodotto pure. Alcune persone pubblicizzano il loro business dando una festa o offrendo cibi gratuitamente.

Decidere quale sarà il vostro mercato

Vi rivolgerete ai bambini o agli adulti? Uomini o donne? Il vostro mercato sarà spagnolo, francese, italiano, tedesco, russo, portoghese o inglese? Vuoi rivolgerete a mamme o papà? Decidete chi saranno i vostri acquirenti finali per sapere quale sarà il vostra target quando preparerete e pubblicizzerete il prodotto.

Fate una proiezione sulle future vendite

Decidere in anticipo sarà il reddito che dovrete fare per coprire tutte le spese aziendali e per coprire anche le vostre spese personali. Questo dato è molto importante! Scoprite di quante vendite avete bisogno e quanto dovrete far pagare per coprire tutti i costi. Se dovrete far pagare di più il vostro prodotto rispetto alla concorrenza, per voi sarà difficile vendere. Se avete bisogno di vendere 1.000 unità alla settimana, ma i vostri concorrenti vendono solo 300 unità alla settimana, questo vi dirà se avete bisogno di abbassare i costi o trovare un modo per aumentare le vendite. Fate sempre una stima delle vostre vendite future, prima di avviare qualsiasi cosa.

Imparate a pubblicizzare

La pubblicità e il marketing sono cambiate drasticamente

nel corso degli anni. Ora potete utilizzare sia modalità tradizionali che moderne di pubblicità. È importante adattarsi al mondo in cui viviamo e utilizzare metodi pubblicitari più recenti e meno costosi è semplicemente intelligente.

I modi tradizionali di pubblicità sarebbero:

- Inviare volantini alle persone che vivono nell'area circostante al vostro negozio.

- Fare un'inserzione pubblicitaria su un giornale.

- Fare inserzioni pubblicitari su riviste locali.

- Passaparola.

- Pubblicità con la posta elettronica.

I modi moderni fare pubblicità sarebbero:

- Inserzioni sui Social network

- Promozioni e offerte su social media.

- Sito web online che possa essere trovato quando qualcuno sta cercando un prodotto particolare.

- Messaggi (telefoni cellulari).

- Annunci nelle app (app per smart phone).

Uso dei social media per pubblicizzare

I social media stanno crescendo velocemente e sono in grado di aumentare le vendite semplicemente facendo sapere agli altri che avete un prodotto o un servizio da offrire. Essere in grado di pubblicizzare il vostro prodotto o servizio utilizzando una mix di prodotti di marketing vi permetterà di vedere cosa funziona e cosa no. I social media possono includere:

- Facebook

- Twitter

- Instagram

- Pinterest

- Google+

- LinkedIn

Se ne potrebbero elencare molti altri. YouTube è diventato sempre più popolare, dal momento che potete diventare visivamente accessibili attraverso i video che altri possono vedere e far vedere ad altri. Per alcune aziende, YouTube è la principale fonte di pubblicità semplicemente perché alcuni prodotti o servizi richiedono che altri vedano come funzionano o che voi siate una fonte credibile di informazioni (questo soprattutto per i servizi professionali che si potrebbero offrire).

Preparate le vostre finanze per meglio gestire i redditi e le spese

Cercate di utilizzare un software o almeno un fogli excel per gestire le vostre finanze in modo da poter valutare con precisione la vostra attività. Anche scrivere reddito e spese su un foglio di carta è meglio che non avere informazioni per poter prendere decisioni precise. Vi pentirete di non aver fatto i conti se decidete di non essere organizzati. Vedendo come sta andando la vostra azienda giornalmente o anche settimanalmente, saprete se avete bisogno di cambiare qualcosa nella vostra gestione. Questo è importante perché vi farà risparmiare tempo e il denaro che vi permetterà di rimanere in attività. Prendetevi tempo ogni giorno o ogni settimana per sedervi e capire quanto state spendendo e quanto state facendo con le vendite. Una volta che conoscerete i vostri numeri, potrete apportare modifiche per far diventare la vostra attività competitiva e redditizia. Potreste aver bisogno di abbassare i costi o aumentare il prezzo dei vostri prodotti in base a quello che vi segnalano i vostri conti e dove volete posizionarmi.

Ricordatevi, non aspettate. Giocate d'anticipo, quando si tratta di comporre le vostre finanze. Siete i soli a sapere come sta andando veramente la vostra azienda e questo avverrà solo se farete i conti.

Capitolo 11

CREARE REDDITO PASSIVO PER MOLTI ANNI A VENIRE

"L'apprendimento non stanca mai la mente".

Leonardo da Vinci

Generare reddito passivo è l'obiettivo finale. Potete lavorare una vita intera trascorrendo innumerevoli ore in un ufficio, ma dove vi porterà ciò? Per la maggior parte delle persone risparmiare è difficile e non perdere il lavoro diventa sempre più importante quando invecchiate. Pianificare e prepararsi per avere reddito passivo è una decisione saggia. Leggete quanto più possibile sull'argomento e imparate a metterlo in pratica nella vostra vita. Prima inizierete a beneficiare del reddito passivo, prima vedrete crescere il vostro tempo libero e i vostri risparmi. Per alcune persone il reddito passivo è un mito mentre per altre è un modo di vivere. Il reddito da lavoro non è male, ma non è il modo più efficace per generare reddito. Lavorare richiede normalmente lunghe ore e meno tempo per il riposo, il che significa che trascorrere meno tempo con i propri cari e meno tempo a fare le cose che piacciono. Il modo più efficace guadagnare è attraverso il reddito passivo.

Cos'è il reddito passivo?

Il reddito passivo è il denaro che ricevete indipendentemente dal fatto se state lavorando o no. Suona strano ma esiste e molte persone vivono bene con il loro reddito passivo. Infatti, le persone più ricche di questo pianeta vivono di reddito passivo. Ricevere reddito passivo libera il tempo per fare altre cose e per stare con i propri cari.

Quali sono i tipi più comuni di reddito passivo?

1. Reddito da locazione
2. Royalty
3. Reddito d'impresa
4. Reddito da dividendi
5. Commissioni attive
6. Redditi da interessi

Che cosa è il reddito da locazione?

Il reddito da locazione è il denaro che ricevete per affittare cose. La forma più comune di redditi da locazione è immobiliare. Case, appartamenti, uffici, terreni, magazzini, tutti possono essere affittati una volta che li possiedi e vi forniranno un flusso costante di reddito passivo. Se estinguete il mutuo o il prestito immobiliare, avrete un reddito passivo più elevato. Basta assicurarsi che il reddito che ricevete per l'affitto sia superiore a quello delle spese totali comprese: tasse, assicurazioni, manutenzione, ecc. Il reddito da locazione è una grande forma di reddito. Ad esempio, se guadagnate 1.500 euro sotto forma di reddito da locazione e dovrete pagare tasse, assicurazioni e altre riparazioni, potresti alla fine avere 1.000 euro di reddito passivo di affitto. Se dovete fare pagamenti ipotecari per l'importo di 600 euro, avrete un reddito netto di 400 euro.

Cosa sono le royalty?

Le royalty sono una forma di reddito passivo che viene ricevete per qualcosa che avete creato una volta, mentre queste vengono pagate molte volte. Alcune forme di reddito passivo sono: musica, film, libri, prodotti e invenzioni. Gli attori e i cantanti hanno iniziato dal niente e poi sono stati in grado di generare grandi quantità di reddito passivo grazie alla quantità di royalty che hanno ricevuto. Con i cambiamenti nel campo del download di film e musica su smartphone e tablet, il noleggio di film e le canzoni vendono a un ritmo molto più veloce di prima.

Reddito d'impresa

Alcune persone che hanno avviato o acquistato comprato un'impresa e sono state capaci di arrivare alla cosiddetta proprietà assente, ora sono in grado di ricevere reddito passivo. Alcuni esempi di aziende che dispongono di titolari di reddito in forma passiva sono:

- Ristorazione in franchising, fast food.

- Stazioni di servizio.

- Lavanderie a gettoni.

- Sale gioco.

Questi sono tipi di attività dove il proprietario può lasciare i dipendenti che raccogliere i pagamenti e il proprietario semplicemente sovrintende alle operazioni generali dell'attività. Per questo bisogna avere il giusto tipo di business e il sistema giusto in atto per fare in modo che le cose funzionino senza problemi anche quando il proprietario dell'azienda non è presente. I proprietari di aziende che trascorrono poco tempo nelle loro attività sono spesso considerati "proprietari assenti" o "proprietari semi-assenti". I proprietari assenti hanno il vantaggio dei redditi e dei profitti che l'azienda offre e non devono trascorrere tanto tempo nelle attività quotidiane del business. La supervisione del business svolta di tanto in tanto è sempre una buona idea in quanto non è meglio non ignorare completamente la vostra fonte di reddito per non aver problemi in futuro. È sempre un bene avere una qualche forma di supervisione sulla vostra impresa in un orario programmato del giorno o della settimana per accertarsi che l'azienda funzioni correttamente. Il reddito d'impresa può essere reddito passivo finché siete sicuri che tutto funzioni correttamente e voi potete concentrarvi sulle operazioni generali e sui profitti dell'impresa.

Reddito da dividendi

Si tratta di una forma di reddito passivo proveniente da titoli e da altre attività imprenditoriali. Ad esempio quando acquistate le azioni di una società in cui offrono una percentuale di dividendi alla fine di ogni trimestre o ogni anno. Questi pagamenti possono essere sotto forma di denaro o di beni. Per coloro che hanno grandi quantità di denaro da investire, questo può essere una buona forma di reddito passivo. In alcuni paesi, i pagamenti di dividendi sono tassati a un tasso molto più basso, motivo per cui tante persone ricche decidono di andare in questa direzione. Spesso i dividendi possono essere compresi tra l'1% e il 10%, ma possono anche essere più elevati a seconda delle azioni o delle attività che effettuano i pagamenti.

Commissioni attive

Il reddito passivo da commissioni può anche essere molto redditizio. Se possedete un sito web che vende prodotti di proprietà di altre società che vi pagano commissioni per quelle vendite, riceverete reddito passivo. Ci sono molte aziende che pagano commissioni far convogliare i clienti al loro sito web o alla pagina del loro prodotto. Questa attività sta diventando sempre più comune, poiché sia la persona a cui viene pagata una commissione e la società che paga la commissione beneficiano delle vendite. Diventa reddito passivo perché è sufficiente creare il sito web una volta e poi riceverete reddito passivo su ogni vendita senza dover essere al computer dopo quel momento. Questa è una forma di reddito passivo facile da creare e la maggior parte delle persone può trarne vantaggio.

Redditi da interessi

Il reddito da interessi è uno dei modi più semplici per ricevere il reddito passivo. La maggior parte delle banche paga gli interessi sui conti correnti. Alcuni pagano più interessi di altri a seconda del tipo di conto e dell'importo versato. Il reddito da interessi può diventare una potente forma di reddito passivo, poiché la maggior parte delle banche offre per di comporre gli interessi mensilmente.

L'interesse composto può consentire di aumentare il reddito passivo senza dover fare nulla. Vi saranno pagati gli interessi sui fondi depositati da voi e sugli interessi che avete ricevuto. E questo si comporrà ogni mese. L'interesse che ricevi è considerato reddito passivo. La maggior parte delle banche compone l'interesse su base mensile ma verificate bene con la banca se lo fanno veramente. Ricordate che se ritirate l'interesse accumulato ogni mese, non accumulerete gli interessi, così dovrete sapere in anticipo se ritirerete ogni mese gli interessi guadagnati.

Capitolo 12

PREPARATEVI ALLA RICCHEZZA

"La logica vi porterà dal punto A alla B. L'immaginazione ti porterà dappertutto".

Albert Einstein

Ricchezza è un termine ampio che si usa soprattutto quando si parla di denaro, ma la ricchezza può e dovrebbe venire in molte forme. Alcuni tipi di ricchezza che in genere si desidera realizzare sono:

- Ricchezza di conoscenza

- Ricchezza monetaria

- Ricchezza di salute e benessere

- Ricchezza familiare

- Ricchezza mentale

Questi sono importanti ma ci sono molti altri tipi di ricchezza. Adesso passiamo a questi tipi di ricchezza.

Ricchezza di conoscenza

La ricchezza di conoscenza è la ricchezza di idee, intelligenza e esperienza che si possono accumulare attraverso la lettura di libri, l'esperienza, l'insegnamento e l'aiuto per gli altri, ecc. La ricchezza di conoscenza può essere molte volte più importante della ricchezza monetaria. Ciò è dovuto al fatto che le conoscenze accumulate consentono di ricostruire la ricchezza monetaria se la perdete. Se avete solo ricchezza monetaria, ma non ricchezza di conoscenze, potreste rischiare di perdere tutto e non sapere come recuperare. La conoscenza è potere e sapere come gestire il denaro vi renderà forti per gli anni a venire.

Ricchezza monetaria

Per la maggior parte delle persone che lavorano è necessaria perché bisogna pagare le fatture e per farlo bisogna avere soldi. Pagare le spese necessarie e anche quelle inutili richiede che abbiate una qualche forma di reddito. La ricchezza monetaria consente di godere di cose che altre persone non possono godere a causa delle limitate risorse finanziarie. Prendere le misure necessarie per raggiungere la ricchezza monetaria è importante per vivere una vita senza stress finanziario. Imparate quanto più possibile su come fare e gestire i soldi. Per alcune persone fare soldi è facile ma la gestione è difficile. Provate a leggere libri anche sui diversi aspetti del denaro.

Salute e benessere

Potete avere tanto denaro quanto volete, ma se siete malati o non riuscite a goderlo, allora quel denaro non sarà molto utile. La salute è spesso trascurata fino a quando non succede qualcosa. Essere sani e sentirsi bene dovrebbe essere in cima alla vostra lista in termini di priorità. Concentrarsi sul mangiare cibi che nutrono effettivamente il corpo e non lo riempiono soltanto. Questi alimenti dovrebbero includere frutta e verdura. Cercate di fare qualche tipo di esercizio su base giornaliera. Fare esercizio intenso 1 giorno al mese non vi darà mai gli stessi risultati che otterrete facendo esercizio moderato ogni giorno. Questi esercizi possono essere fatti sotto forma di sport, attività all'aria aperta o in palestra. Inoltre, assicuratevi di avere abbastanza dormire a sufficienza per evitare di avere sbalzi di umore. Dormire da 6 a 8 ore di notte per gli adulti e da 8 a 12 ore per i bambini migliorerà la messa a fuoco mentale e la prestazione giornaliera complessiva non importa quale attività stiate facendo.

Ricchezza familiare

Per alcune persone è sufficiente stare da soli, ma per altre avere una famiglia o amici che si considerano la propria famiglia può essere anche questa una forma di ricchezza.

Avere persone su cui contare nei bei momenti e anche in quelli meno belli è importante. Le persone che hanno problemi finanziari spesso li superano con l'aiuto e il consiglio dei propri cari. Ovviamente non è un requisito, ma avere persone che vi amano e a cui volete bene può essere una benedizione e una ricchezza per la vostra vita.

Ricchezza mentale

Sentirsi felici, allegri e entusiasti della vita richiede che siate mentalmente in pace. Se siete molto ricchi e intelligenti, ma instabili mentalmente, vi sentirete incompleti. Spesso si dice "mente sana in corpo sano". Per questo motivo cercare di essere fisicamente attivi ogni giorno in un modo o nell'altro. Per coloro che si sentono incompleti, anche dopo aver raggiunto e superato molti obiettivi finanziari e obiettivi di vita, dovrebbero provare a dedicare tempo ad aiutare i meno fortunati. Apprezzeranno il vostro aiuto e sarà come dare un contributo al mondo il fornire assistenza, in un modo o nell'altro. Ricordate, non siete gli unici su questo pianeta. Altri hanno problemi e potrebbero essere molto felici di sapere di aver qualcuno alle spalle. Quello che può sembrare un grosso problema per voi può essere qualcosa di insignificante per altri con problemi più gravi. Ad esempio, se avete fatto male a un esame, ma conoscete qualcun altro che non ha mangiato per due giorni, potreste riconsiderare la gravità dei vostri problemi.

Condividete alcune delle cose che avete appreso in questo libro con altri ed aiutateli a capire che hanno un grande futuro finanziario davanti a loro se solo ci provano.

Siate grato ogni giorno, non importa quanto avete. Ogni mattina, quando vi svegliate, ringraziate per tre cose nella vostra vita. Siate grati per tre cose che anche i vostri famigliari fanno.

Prendetevi un momento per respirare, cantare, ballare o riposare ogni giorno. Questo aumenterà vostra felicità e vi aiuterà a risolvere i problemi che ci possono essere e vi permetterà di vedere le cose in modo più chiaro.

COMMENTO

Anche se siete figlio, figlia, padre, madre, nonno o nonna, potrete beneficiare dalla lettura di questo libro poiché tutti hanno un ruolo importante nella crescita mentale dei bambini. La gestione del denaro non viene insegnata nelle scuole e molte volte non viene insegnata nemmeno all'università. Imparare a gestire in modo intelligente il denaro deve quindi essere insegnato dai membri della famiglia e anche attraverso la lettura di libri sul tema. Affidarsi agli altri a fare questo non è il modo migliore per procedere come avrete potuto notare da tutte le persone del mondo che sono in debito e che hanno pochissimi risparmi per andare in pensione e vivere. Il mondo sta cambiando e continuerà a cambiare. Le tecniche di pubblicità spingeranno la gente a spendere di più. Saranno creati nuovi schemi di investimenti che elimineranno l'analfabetismo finanziario. Conoscere le basi e attenersi a ciò che ha funzionato per le persone più ricche della storia funzionerà al meglio in questi cambiamenti epocali. Il denaro deve essere gestito in modo efficace per ottenere il massimo da esso.

Ricordatevi di seguire le regole condivise in questo libro per vivere una vita finanziaria soddisfacente, gestendo il denaro come fanno le persone più intelligenti del mondo.

Le 5 regole sono:

Regola 1

Non prendete mai a prestito denaro se non avete lo stesso importo in banca per poter pagare immediatamente

Regola 2

Risparmiate almeno il 20% del vostro reddito ogni mese

Regola 3

Usate l'interesse composto per far lievitare i vostri risparmi

Regola 4

Ridurre o tagliare al minimo le spese

Regola 5

Scrivete queste regole e leggetele spesso. Imparate a sfruttarle al meglio. Se per qualsiasi motivo vi perdete per strada, ricordate di leggere queste regole per tornare in pista. La scuola della vita richiede che gestiate il denaro, ma non troverete un manuale su come farlo, quindi attenetevi alle regole.

DIZIONARIO FINANZIARIO

Mutuo a 30 anni a tasso fisso: è un prestito concesso da una banca o da un finanziatore il cui tasso di interesse rimane lo stesso per la durata del prestito, che è di 30 anni e viene utilizzato per finanziare l'acquisto di una proprietà immobiliare.

Pubblicità: un annuncio a pagamento di beni o servizi.

Beni: qualsiasi elemento posseduto che aumenta il vostro capitale netto. I beni possono essere tangibili o immateriali. I beni possono essere liquidi (immediatamente disponibili, ad esempio i contanti) o non liquidi (non immediatamente disponibili, ad esempio la casa).

Conto bancario: è un conto aperto in una banca. Può essere un conto corrente, un conto di risparmio, un conto sul mercato monetario, ecc.

Attività commerciale: una persona o un'impresa che si occupa della vendita di beni o servizi al fine di realizzare un profitto.

Conto bancario commerciale: è un conto aperto in una banca da un'impresa.

Spese aziendali: sono i costi necessari per gestire un'impresa e possono includere: mezzi tecnici, affitto, mutui, acqua, forniture per ufficio, assicurazioni, ecc.

Reddito d'impresa: reddito derivante dalla vendita di prodotti o servizi provenienti da un'operazione commerciale.

Profitti aziendali: è l'ammontare delle entrate o dei benefici finanziari al netto delle spese, dei costi e delle imposte di un'impresa.

Interesse composto: è noto come interesse che viene pagato sia sul capitale che sugli interessi normalmente ricevuti in un conto bancario e può essere pagato su base giornaliera, mensile, trimestrale, semestrale o annuale.

Reddito da **commissione**: reddito derivante da una commissione per la vendita di un prodotto o di un servizio.

Credito: l'atto di utilizzare il debito per pagare qualcosa.

Ufficio di credito: è un'azienda che raccoglie informazioni relative al credito fornite da altre istituzioni finanziarie e non finanziarie.

Carta di credito: una scheda di plastica utilizzata per acquistare le cose a credito.

Rapporto di credito: è un rapporto che spiega in dettaglio la storia del credito di un mutuatario.

Punteggio di credito: è un numero assegnato per determinare il merito di credito di una persona in base ad un'analisi della sua storia di credito e della sua gestione del debito.

Debito: denaro dovuto o che dovete che deve essere restituito in un momento successivo.

Deprezzamento: la perdita di valore di un bene durante la sua vita utile.

Reddito da dividendi: reddito derivante da unsa somma di denaro pagata agli azionisti di una società in seguito a guadagno.

Acconto: l'importo che un acquirente paga per l'acquisto di una casa in aggiunta ai fondi che l'acquirente prende in prestito.

Dipendente: qualcuno che viene assunto a stipendio da un datore di lavoro per svolgere un lavoro o un compito specifico.

Spese: le spese sostenute per una transazione personale o commerciale.

Futuro finanziario: la gestione di tutte le decisioni monetarie e di credito e le transazioni future.

Reddito: è il pagamento in denaro di beni, servizi, affitti, investimenti, ecc.

Interesse: l'importo da pagare come costo per l'utilizzo del credito.

Proventi da interessi: Il reddito che viene ricevuto dai pagamenti di interessi pagati normalmente su un saldo principale specifico.

Consiglio: una tecnica utilizzata per gestire in modo più efficiente le risorse, tra cui tempo e denaro.

Marketing: è l'atto di promuovere prodotti o servizi.

Mutuo: è un accordo con una banca o una istituzione finanziaria per il prestito di denaro a uno specifico interessa in cambio di un'ipoteca sulla proprietà del debitore.

Reddito passivo: è il reddito che viene ricevuto da un affitto, un'impresa, una commissione, ecc. Richiede un impegno minimo o nessun impegno da parte del destinatario.

Finanziamento principale: quando si parla di un prestito, il finanziamento principale è l'importo dovuto.

Reddito da affitto immobiliare: è il reddito derivante dall'affitto di un'unità abitativa meno le spese per mantenerla.

Royalty: è un importo di denaro versato a un possessore di brevetto per l'utilizzo del brevetto.

Risparmi: denaro che è stato accumulato e messo da parte.

Conto di risparmio: è un conto di interesse tenuto presso una banca.

Social media: è il termine usato per descrivere siti di social networking.

Tasse: un contributo alle entrate statali, richieste dal governo sul reddito dipendente o aziendale.

www.ingramcontent.com/pod-product-compliance
Lightning Source LLC
Chambersburg PA
CBHW021117210326
41598CB00017B/1473